COMMENT INVESTIR DANS L'IMMOBILIER POUR DEVENIR RENTIER : LE GUIDE VERS L'INDÉPENDANCE FINANCIÈRE

AURNY AIRDUVAL

COMMENT INVESTIR DANS L'IMMOBILIER POUR DEVENIR RENTIER : LE GUIDE VERS L'INDÉPENDANCE FINANCIÈRE

Édition Août 2023 – Aurny AIRDUVAL

Avant-propos

Il y a quelques années, j'étais à la recherche d'une solution pour améliorer ma situation financière. Je désirais ardemment créer un avenir stable et prospère pour moi-même et pour ma famille. C'est ainsi que j'ai découvert le formidable potentiel de l'investissement immobilier.

Je n'avais pas de formation spécifique en immobilier. Mon cheminement m'a conduit à travailler dans des domaines variés, mais j'ai toujours ressenti une passion pour les finances personnelles et les investissements. Ayant constaté que l'immobilier était l'une des clés de la richesse pour de nombreuses personnes, j'ai décidé de me plonger dans cet univers avec détermination et persévérance.

Je me suis initié à l'investissement immobilier progressivement, en commençant par de petits projets d'achat-revente, puis en me lançant dans des investissements locatifs. Mes débuts n'ont pas été sans difficultés, et j'ai commis des erreurs en chemin, mais c'est précisément de ces erreurs que j'ai tiré des enseignements essentiels.

Avec le temps, j'ai acquis de l'expérience et des connaissances solides dans le domaine de l'immobilier. J'ai appris à identifier les opportunités, à négocier avec assurance, à gérer efficacement mes biens, et à optimiser la rentabilité de mes investissements. Grâce à cette démarche d'apprentissage continu, j'ai réussi à atteindre l'indépendance financière grâce à mes revenus passifs générés par mes propriétés immobilières.

L'objectif de ce livre est de vous partager mon expérience, mes connaissances et les stratégies qui m'ont permis de devenir rentier grâce à l'investissement immobilier. Vous y découvrirez des conseils pratiques et éprouvés pour bâtir un patrimoine solide, générer des revenus passifs et vous rapprocher progressivement de l'indépendance financière.

Mon but est de vous guider tout au long de votre parcours d'investisseur immobilier, que vous soyez débutant ou que vous ayez déjà quelques projets à votre actif. Je veux vous montrer que l'investissement immobilier est accessible à tous, et que même avec de modestes ressources au départ, il est possible de réaliser des investissements fructueux.

Ce livre sera une boîte à outils complète, vous fournissant les clés pour :

1. Comprendre le fonctionnement du marché immobilier français.

2. Identifier les opportunités d'investissement les plus prometteuses.

3. Financer vos projets d'investissement de manière intelligente.

4. Gérer efficacement vos biens pour optimiser vos revenus.

5. Préparer votre avenir financier en utilisant l'immobilier comme un levier puissant.

Je partagerai avec vous des exemples concrets et des conseils pratiques que vous pourrez appliquer dès maintenant dans vos projets immobiliers. Mon souhait est que, en parcourant ces pages, vous acquériez la confiance nécessaire pour vous lancer dans l'investissement immobilier avec sérénité et détermination.

Je vous invite à ouvrir votre esprit, à vous engager pleinement dans votre apprentissage, et à prendre des décisions réfléchies pour progresser vers vos objectifs financiers. N'oubliez pas que le succès en immobilier repose sur la persévérance et la volonté de s'améliorer constamment.

Chapitre 1

Le concept de rentier immobilier

Un rentier immobilier est une personne qui tire une source de revenus significative, stable et régulière de ses investissements immobiliers. Concrètement, cela signifie qu'en possédant et en gérant des biens immobiliers, le rentier génère des revenus passifs qui lui permettent de subvenir à ses besoins financiers sans avoir à travailler activement pour gagner sa vie.

Contrairement à un investisseur traditionnel qui pourrait se contenter d'un rendement financier sur ses placements, le rentier immobilier bénéficie d'un avantage supplémentaire : la propriété physique des biens immobiliers. En plus des revenus générés par les loyers perçus, le rentier peut potentiellement voir la valeur de ses biens augmenter au fil du temps, ce qui accroît son patrimoine global.

Devenir rentier immobilier offre de nombreux avantages, ce qui explique pourquoi cette approche d'investissement est de plus en plus populaire parmi ceux qui cherchent à atteindre l'indépendance financière. Voici quelques-uns des principaux avantages d'être un rentier immobilier :

1. Revenus passifs réguliers : l'un des principaux avantages d'être un rentier immobilier est la possibilité

de percevoir des revenus réguliers grâce aux loyers versés par les locataires. Ces revenus passifs peuvent constituer une source stable de financement pour couvrir les dépenses courantes et atteindre l'indépendance financière.

2. Potentiel d'appréciation du capital : en plus des revenus locatifs, la valeur des biens immobiliers a tendance à augmenter sur le long terme. Ainsi, le rentier immobilier peut non seulement bénéficier de flux de trésorerie positifs, mais également voir son patrimoine immobilier se valoriser avec le temps.

3. Protection contre l'inflation : l'immobilier est souvent considéré comme un actif de protection contre l'inflation. En période d'inflation, les loyers et la valeur des biens immobiliers ont tendance à augmenter, permettant au rentier de maintenir son pouvoir d'achat au fil du temps.

4. Contrôle des investissements : contrairement à d'autres formes d'investissement, le rentier immobilier a un contrôle direct sur ses biens. Il peut prendre des décisions concernant l'achat, la gestion et la vente de ses propriétés, lui offrant ainsi une plus grande autonomie et un sentiment de maîtrise de son avenir financier.

5. Diversification du patrimoine : l'immobilier permet de diversifier son portefeuille d'investissement. En possédant différents types de biens immobiliers dans des localités variées, le rentier peut répartir les risques et éviter de dépendre trop fortement d'un seul actif.

6. Indépendance financière et liberté : être rentier immobilier représente une étape majeure vers l'indépendance financière. En obtenant un flux de revenus suffisant pour couvrir ses dépenses, le rentier peut choisir de travailler moins ou de se consacrer à ses pas-

sions, ce qui lui procure une plus grande liberté et une meilleure qualité de vie.

Il est important de noter que devenir rentier immobilier demande du temps, de la persévérance et une approche réfléchie. Ce n'est pas une solution miracle, mais plutôt une démarche d'investissement solide qui peut permettre d'atteindre des objectifs financiers ambitieux.

Chapitre 2

L'importance de l'état d'esprit

Nous allons voir l'aspect essentiel de l'état d'esprit lorsqu'il s'agit de devenir un investisseur immobilier réussi. Votre mentalité joue un rôle crucial dans votre parcours d'investissement, car elle peut influencer vos décisions, votre persévérance et votre capacité à surmonter les défis qui se présenteront à vous. Nous étudierons deux aspects importants de l'état d'esprit pour réussir dans l'investissement immobilier : les croyances positives à adopter et la manière de surmonter les peurs et les doutes liés à cette aventure.

1. Les croyances positives à adopter pour réussir : la première étape pour réussir dans l'investissement immobilier consiste à adopter des croyances positives qui vous soutiendront tout au long de votre parcours. Voici quelques croyances clés à intégrer dans votre état d'esprit d'investisseur immobilier :

a. La confiance en soi : croyez en vos capacités à devenir un investisseur immobilier accompli. Vous avez les ressources intellectuelles et émotionnelles pour apprendre et grandir dans ce domaine.

b. L'apprentissage continu : soyez ouvert à l'apprentissage constant. L'investissement immobilier est un domaine vaste et complexe, et il est important d'être prêt à approfondir vos connaissances et à rester informé des nouvelles tendances. c. La patience : comprenez que l'investissement immobilier est un processus qui peut prendre du temps. Ne vous attendez pas à des résultats immédiats, mais soyez prêt à investir du temps et des efforts pour atteindre vos objectifs.

d. La prise de risque calculée : l'investissement immobilier comporte toujours une part de risque, mais apprenez à prendre des risques calculés en évaluant les opportunités avec soin et en diversifiant votre portefeuille.

e. La résilience face aux échecs : Acceptez que des erreurs et des échecs peuvent survenir en cours de route. Faites-en des occasions d'apprentissage et de croissance, plutôt que des raisons d'abandonner.

2. Surmonter les peurs et les doutes liés à l'investissement immobilier : il est tout à fait normal d'éprouver des peurs et des doutes au début de votre parcours d'investissement immobilier. L'inconnu peut être intimidant, et il est compréhensible de se demander si vous prendrez les bonnes décisions ou si vous réussirez. Voici quelques conseils pour surmonter ces obstacles mentaux :

a. L'éducation et la recherche : la connaissance est la clé pour surmonter les peurs. Plus vous vous renseignez sur l'investissement immobilier, plus vous vous sentirez confiant dans vos choix. Lisez des livres, suivez des formations, et n'hésitez pas à consulter des experts du domaine.

b. Se concentrer sur les réussites passées : pensez à des situations où vous avez surmonté des défis dans le passé. Rappelez-vous de vos réalisations et de vos forces personnelles. Cela vous aidera à renforcer votre confiance en vous.

c. Visualisation positive : imaginez-vous réussir dans vos investissements immobiliers. La visualisation positive peut aider à renforcer votre détermination et à éloigner les pensées négatives.

d. Entourez-vous de personnes positives : partagez vos projets avec des personnes de confiance qui vous soutiennent. Évitez les personnes négatives qui pourraient vous décourager.

e. Prendre des petites étapes : commencez par de petits investissements ou projets immobiliers. Cela vous permettra de prendre de l'expérience et de gagner en confiance avant de vous lancer dans des projets plus importants.

Rappelez-vous que tout investisseur immobilier a vécu des moments de doute et d'incertitude au début de son parcours. C'est en faisant face à ces peurs et en développant un état d'esprit positif que vous pourrez progresser et réussir dans l'investissement immobilier.

Chapitre 3

Établir ses objectifs financiers

Pour réussir dans l'investissement immobilier et devenir rentier, il est essentiel de définir des objectifs financiers clairs et réalisables. Nous allons voir la méthode SMART pour fixer des objectifs concrets en termes de revenus passifs et de patrimoine.

1. Qu'est-ce que la méthode SMART ? : la méthode SMART est un acronyme qui désigne des objectifs spécifiques, mesurables, atteignables, pertinents et limités dans le temps. Cette approche permet de définir des objectifs concrets et réalistes, et elle est largement utilisée dans le domaine de la planification financière et de la gestion de projet.

Voyons maintenant comment appliquer la méthode SMART pour établir vos objectifs financiers en investissement immobilier :

a. Spécifiques (Specific) : vos objectifs doivent être clairs, précis et bien définis. Par exemple, plutôt que de dire « Je veux devenir rentier », spécifiez le montant exact de revenus passifs que vous souhaitez générer chaque mois.

b. Mesurables (Measurable) : vos objectifs doivent être quantifiables et mesurables. Vous devez être en mesure de suivre vos progrès et de déterminer si vous avez atteint vos objectifs ou non. Par exemple, « Générer 3 000 euros de revenus passifs par mois d'ici trois ans. »

c. Atteignables (Achievable) : vos objectifs doivent être réalistes et réalisables. Prenez en compte vos ressources actuelles, vos compétences, votre expérience et les opportunités présentes sur le marché immobilier. Évitez de fixer des objectifs trop ambitieux qui pourraient vous décourager.

d. Pertinents (Relevant) : vos objectifs doivent être en adéquation avec vos valeurs, vos intérêts et vos aspirations financières. Assurez-vous qu'ils répondent à vos besoins et à vos désirs personnels en matière d'indépendance financière.

e. Limités dans le temps (Time-bound) : vos objectifs doivent être assortis d'une échéance ou d'une date limite. Fixer un délai vous aidera à rester concentré et à prendre des mesures concrètes pour les atteindre. Par exemple : « Générer 3 000 euros de revenus passifs par mois d'ici trois ans à partir d'un portefeuille immobilier de cinq propriétés ».

2. Définir vos objectifs financiers en investissement immobilier : prenez le temps de réfléchir à vos aspirations financières et à ce que vous souhaitez accomplir en tant qu'investisseur immobilier. Posez-vous les questions suivantes :

a. Quel est le montant de revenus passifs que vous voulez générer chaque mois ?

b. Combien de temps êtes-vous prêt à investir pour atteindre vos objectifs ?

c. Quel montant total de patrimoine immobilier souhaitez-vous acquérir ?

d. Quelles sont vos motivations profondes pour devenir rentier grâce à l'immobilier ?

Une fois que vous avez des réponses claires à ces questions, utilisez la méthode SMART pour formuler vos objectifs de manière précise et concrète. Écrivez-les et affichez-les dans un endroit où vous pourrez les voir régulièrement. Cela vous rappellera votre vision et vous motivera à prendre les mesures nécessaires pour les réaliser.

N'oubliez pas que vos objectifs financiers peuvent évoluer avec le temps en fonction de votre expérience, de vos réussites et des changements sur le marché immobilier. Soyez flexible et ajustez vos objectifs si nécessaire, tout en conservant une vision globale de votre parcours vers l'indépendance financière.

Chapitre 4

Comprendre le marché immobilier français

Avant de plonger dans l'investissement immobilier en France, il est essentiel de comprendre le marché immobilier dans son ensemble. Nous allons voir l'évolution récente du marché immobilier français et les tendances régionales à prendre en considération pour faire des investissements éclairés.

1. Analyse de l'évolution récente du marché : l'analyse de l'évolution récente du marché immobilier en France vous permettra de mieux appréhender la conjoncture actuelle et les opportunités potentielles. Voici quelques éléments clés à prendre en compte lors de cette analyse :

a. Prix de l'immobilier : examinez l'évolution des prix de l'immobilier au cours des dernières années. Y a-t-il eu une augmentation significative des prix ? Des régions connaissent-elles une hausse plus marquée que d'autres ? Quels sont les facteurs économiques et démographiques qui influencent ces variations de prix ?

b. Taux d'intérêt : gardez un œil sur les taux d'intérêt des prêts immobiliers. Des taux bas peuvent encourager la demande et stimuler le marché, tandis que des taux élevés peuvent avoir un effet dissuasif sur les acheteurs.

c. Offre et demande : analysez l'équilibre entre l'offre et la demande sur le marché immobilier. Une demande plus élevée que l'offre pourrait indiquer un marché favorable pour les vendeurs, tandis qu'une offre excédentaire pourrait créer des opportunités pour les acheteurs.

d. Stabilité économique : évaluez la stabilité économique générale du pays. Une économie en croissance favorise généralement le marché immobilier, tandis qu'une économie en récession peut avoir un impact négatif.

e. Politiques gouvernementales : soyez attentif aux politiques gouvernementales concernant l'immobilier. Des mesures fiscales ou réglementaires peuvent influencer le marché et avoir des conséquences sur les investissements immobiliers.

2. Les tendances régionales à considérer : le marché immobilier en France peut varier considérablement d'une région à l'autre. Chaque région a ses particularités en termes de prix, de demande, de développement économique et de potentiel d'investissement. Voici quelques tendances régionales à prendre en considération :

a. Paris et sa région : la région parisienne est connue pour ses prix élevés et son marché dynamique. Les investissements dans cette région peuvent être attractifs, mais ils nécessitent souvent des budgets plus conséquents.

b. Grandes métropoles régionales : certaines grandes villes régionales, comme Lyon, Marseille, Toulouse, Bordeaux, Nantes, et Lille, connaissent une demande soutenue en raison de leur dynamisme économique et de leur qualité de vie. Ces villes peuvent offrir des opportunités intéressantes pour l'investissement.

c. Régions rurales : les régions rurales peuvent être moins onéreuses en termes d'achat immobilier, mais elles peuvent également présenter un potentiel de rendement plus faible. La demande et les prix peuvent varier selon la situation économique locale.

d. Littoral : les zones côtières françaises peuvent être très prisées des investisseurs, surtout en raison du marché locatif saisonnier. Cependant, certaines zones peuvent être sujettes à une forte saisonnalité et à une baisse de la demande en dehors des périodes estivales.

e. Zones en développement : certaines zones connaissent un développement économique et immobilier significatif. Il peut être intéressant de se pencher sur ces zones émergentes pour bénéficier d'une croissance potentielle du marché.

En tant qu'investisseur immobilier, il est important de faire preuve de curiosité et d'analyser attentivement le marché pour identifier les zones géographiques les plus favorables à vos objectifs d'investissement.

En suivant ces analyses et ces tendances, vous serez mieux préparé à faire des choix éclairés dans vos investissements immobiliers en France.

Chapitre 5

Le financement de vos investissements

L'un des aspects fondamentaux de l'investissement immobilier est le financement de vos projets. Nous allons voir les différentes options de financement disponibles pour les investisseurs immobiliers en France, notamment les crédits bancaires et les apports personnels. Nous allons aussi voir l'effet de levier en immobilier et comment l'utiliser à votre avantage pour maximiser vos investissements.

1. Options de financement : crédits bancaires, apports personnels, etc : lorsqu'il s'agit d'investir dans l'immobilier, vous avez généralement deux options principales de financement : les crédits bancaires et les apports personnels. Examinons chacune de ces options :

a. Crédits bancaires : les prêts immobiliers sont couramment utilisés pour financer l'achat d'un bien immobilier. Les banques accordent des crédits en fonction de votre capacité de remboursement et de la valeur du bien que vous souhaitez acquérir. Les taux d'intérêt et les conditions de remboursement varient en fonction des banques et de la conjoncture économique.

b. Apports personnels : un apport personnel est la somme d'argent que vous investissez directement dans l'achat d'un bien immobilier, sans faire appel à un prêt. Plus votre apport est important, moins vous aurez besoin d'emprunter, ce qui peut réduire les frais d'intérêt à long terme.

Le choix entre ces deux options dépend de votre situation financière, de votre tolérance au risque et de vos objectifs d'investissement. Certains investisseurs préfèrent utiliser un apport important pour minimiser leur endettement, tandis que d'autres privilégient l'utilisation d'un crédit pour profiter de l'effet de levier et accéder à des biens immobiliers plus coûteux.

2. L'effet de levier en immobilier et comment l'utiliser à son avantage : l'effet de levier est un concept puissant en investissement immobilier. Il permet d'augmenter le rendement potentiel de vos investissements en utilisant l'emprunt pour financer une partie de l'achat du bien. Voici comment l'effet de levier fonctionne :

a. Investissement avec emprunt : imaginons que vous souhaitez acheter un bien immobilier d'une valeur de 200 000 euros. Vous décidez d'apporter un capital de 40 000 euros (20 % du prix) et d'emprunter les 160 000 euros restants (80 % du prix) auprès d'une banque.

b. Valorisation du bien : au fil du temps, la valeur de votre bien immobilier peut augmenter en raison de l'évolution du marché ou des améliorations que vous apportez au bien.

c. Effet de levier : supposons que la valeur de votre bien augmente de 5 %, passant de 200 000 euros à 210 000 euros. Votre capital initial de 40 000 euros a maintenant une valeur de 42 000 euros (5 % d'augmentation). Cependant, grâce à l'effet de levier, votre investissement total a augmenté de 10 000 euros (5 % d'augmentation de la valeur totale du bien).

L'effet de levier peut être très bénéfique lorsqu'il y a une appréciation significative des prix de l'immobilier, car il amplifie vos gains. Cependant, il comporte également des risques, car une dépréciation de la valeur du bien pourrait accroître vos pertes. Il est important d'utiliser l'effet de levier avec prudence et de prendre en compte votre capacité de remboursement en cas de fluctuation du marché immobilier. Avant de vous engager dans un financement à crédit, assurez-vous de bien évaluer vos objectifs financiers, votre capacité d'endettement et les perspectives du marché.

Chapitre 6

Les différentes formes d'investissement immobilier

Nous allons voir les différentes formes d'investissement immobilier qui s'offrent à vous. Chaque stratégie d'investissement présente ses avantages et ses inconvénients. Il est important de choisir celle qui correspond le mieux à vos objectifs financiers et à votre situation personnelle. Nous allons voir trois stratégies courantes : l'investissement locatif, l'investissement dans l'immobilier commercial et l'achat-revente.

1. Investissement locatif : l'investissement locatif consiste à acquérir un bien immobilier pour le louer à des locataires. Les revenus proviennent des loyers perçus, ce qui en fait une stratégie populaire pour générer des revenus passifs. Voici quelques avantages et contraintes liés à l'investissement locatif :

a. Avantages :

Revenus passifs : les loyers réguliers vous permettent de générer des revenus constants.

Valorisation du patrimoine : la valeur de vos biens immobiliers peut augmenter avec le temps, ce qui accroît votre patrimoine.

Défiscalisation : certains dispositifs fiscaux peuvent vous permettre de réduire votre imposition en investissant dans l'immobilier locatif.

b. Contraintes :

Gestion des locataires : la gestion des locataires peut être chronophage et nécessite une bonne organisation.

Vacances locatives : il peut y avoir des périodes où votre bien est vacant, ce qui peut réduire vos revenus.

Entretien et réparations : vous devez prendre en charge l'entretien et les réparations de votre bien, ce qui peut représenter un coût supplémentaire.

2. Investissement dans l'immobilier commercial : lL'investissement dans l'immobilier commercial consiste à acheter des biens destinés à un usage commercial, tels que des bureaux, des entrepôts, des commerces ou des locaux industriels. Cette stratégie est souvent adoptée par des investisseurs plus expérimentés, car elle comporte des enjeux différents de l'investissement locatif résidentiel.

a. Avantages :

Bailleurs professionnels : vous traitez généralement avec des entreprises en tant que locataires, ce qui peut être perçu comme plus fiable que les locataires résidentiels.

Baux à long terme : les contrats de location commerciaux sont généralement plus longs, ce qui offre une stabilité de revenus.

b. Contraintes :

Investissement initial élevé : les biens commerciaux sont souvent plus coûteux à l'achat que les biens résidentiels.

Fluctuations du marché : les conditions du marché immobilier commercial peuvent être plus volatiles que celles du marché résidentiel.

3. L'achat-revente : l'achat-revente consiste à acheter un bien immobilier, souvent en mauvais état, pour le rénover et le revendre rapidement à un prix plus élevé.

Cette stratégie est plus orientée vers la réalisation de bénéfices à court terme.

a. Avantages :

Potentiel de gains rapides : vous pouvez réaliser des profits relativement rapidement en revendant le bien rénové.

Contrôle total : vous avez un contrôle complet sur les rénovations et les améliorations apportées au bien.

b. Contraintes :

Risques financiers : les rénovations peuvent entraîner des dépenses imprévues et des retards dans le processus de revente.

Connaissances en rénovation : vous devez avoir une expertise en matière de rénovation pour mener à bien ce type de projet.

Il est essentiel de bien comprendre les tenants et les aboutissants de chaque forme d'investissement immobilier avant de vous lancer. La stratégie que vous choisissez dépendra de vos objectifs, de votre profil d'investisseur et de votre appétence pour le risque. En fonction de votre situation personnelle, vous pouvez également opter pour une combinaison de ces différentes stratégies pour diversifier votre portefeuille immobilier et maximiser vos rendements.

Chapitre 7

Trouver les bonnes opportunités d'investissement

Nous allons voir les méthodes pour repérer les bonnes affaires immobilières et les critères de sélection qui vous aideront à identifier un bon investissement. Trouver les bonnes opportunités d'investissement est essentiel pour maximiser vos rendements et minimiser les risques. Voici ce que vous devez prendre en compte :

1. Les méthodes pour repérer les bonnes affaires

a. Recherche en ligne : les sites d'annonces immobilières en ligne peuvent être une excellente source pour trouver des biens à vendre. Utilisez des filtres de recherche pour cibler vos critères spécifiques, tels que le type de bien, la localisation, le prix, etc.

b. Réseaux d'agents immobiliers : entrez en contact avec des agents immobiliers locaux qui connaissent bien le marché et peuvent vous informer sur les opportunités intéressantes.

c. Notaires : les notaires peuvent être informés des ventes aux enchères immobilières ou de biens en succession, offrant ainsi des possibilités d'acquisition à des prix avantageux.

d. Bouche-à-oreille : parlez de votre intérêt pour l'investissement immobilier autour de vous. Vous pourriez entendre parler d'opportunités non publiques grâce au bouche-à-oreille. e. Recherche de biens négligés : recherchez des biens qui ont besoin de rénovations ou de réparations. Ces propriétés peuvent être achetées à un prix plus bas et offrir un potentiel de plus-value après rénovation.

2. Les critères de sélection d'un bon investissement : lorsque vous évaluez une opportunité d'investissement immobilier, tenez compte des critères suivants pour déterminer si c'est une bonne affaire :

a. Localisation : la localisation est un facteur clé. Recherchez des quartiers attractifs avec un bon potentiel de croissance, une demande locative élevée et des infrastructures solides.

b. Potentiel de valorisation : analysez les tendances du marché immobilier dans la région pour évaluer le potentiel de valorisation du bien à long terme.

c. Rendement locatif : calculez le rendement locatif potentiel en comparant le loyer attendu avec le coût d'achat et les frais d'entretien.

d. État du bien : examinez attentivement l'état du bien pour estimer les coûts potentiels de rénovation ou de réparation.

e. Rentabilité globale : évaluez la rentabilité globale de l'investissement en prenant en compte tous les coûts, y compris les taxes, les frais d'entretien et les frais de gestion.

f. Potentiel d'appréciation : recherchez des facteurs qui pourraient augmenter la valeur du bien à l'avenir, tels que des projets de développement ou des améliorations prévues dans la région.

g. Risques : évaluez les risques potentiels associés à l'investissement, tels que la stabilité économique de la région, la demande locative, les conditions du marché, etc.

h. Fiscalité : prenez en compte les implications fiscales de l'investissement, y compris les avantages fiscaux liés à certains dispositifs d'incitation à l'investissement immobilier.

En analysant les opportunités d'investissement selon ces critères, vous pourrez prendre des décisions éclairées et saisir les meilleures occasions pour développer votre portefeuille immobilier de manière rentable et durable.

Chapitre 8

La négociation immobilière

La négociation immobilière est une étape cruciale de l'investissement immobilier. Elle vous permet d'obtenir le meilleur prix pour un bien et d'établir des relations positives avec les vendeurs et les parties impliquées. Nous allons voir les techniques de négociation pour obtenir le meilleur prix et les erreurs à éviter lors de ces négociations.

1. Techniques de négociation pour obtenir le meilleur prix :

a. Faites vos recherches : avant de commencer les négociations, renseignez-vous sur le bien et le marché immobilier local. Connaître les prix comparables dans la région vous aidera à formuler une offre réaliste.

b. Soyez prêt à partir : montrez-vous ouvert à quitter la table de négociation si les termes ne vous conviennent pas. Cela peut inciter le vendeur à être plus flexible.

c. Mettez en valeur vos atouts : mettez en avant vos capacités financières, vos antécédents d'investissement ou votre flexibilité en matière de calendrier pour montrer que vous êtes un acheteur sérieux et fiable.

d. Restez calme et objectif : évitez de laisser vos émotions prendre le dessus lors des négociations. Restez calme et objectif afin de prendre des décisions rationnelles.

e. Présentez des arguments solides : utilisez des données concrètes et des arguments solides pour justifier votre offre. Mettez en avant les aspects positifs du bien, mais soulignez également les éventuels défauts qui pourraient justifier une réduction du prix.

f. Soyez prêt à faire des concessions : la négociation implique généralement des concessions des deux côtés. Soyez prêt à faire des compromis pour parvenir à un accord mutuellement bénéfique.

2. Les erreurs à éviter lors des négociations :

a. Négocier sans préparation : ne vous lancez pas dans une négociation sans avoir effectué des recherches préalables sur le bien et le marché.

b. Être trop agressif : une approche trop agressive peut créer des tensions et conduire à une rupture des négociations. Adoptez une attitude respectueuse et courtoise.

c. Se focaliser uniquement sur le prix : ne vous limitez pas seulement à négocier le prix d'achat. Tenez compte d'autres éléments négociables tels que les délais, les termes du contrat, les frais de notaire, etc.

d. Ignorer les signaux du vendeur : soyez attentif aux signaux du vendeur lors des négociations. S'il est réceptif et ouvert à la discussion, cela pourrait être une opportunité pour une négociation réussie.

e. Manquer de flexibilité : être trop rigide dans vos exigences peut entraver les négociations. Soyez prêt à adapter votre offre en fonction des contre-propositions du vendeur.

f. Se précipiter : prenez le temps de considérer les propositions et ne vous précipitez pas pour prendre une décision. Prenez en compte tous les éléments pertinents avant de finaliser l'accord.

En étant préparé, calme et respectueux lors des négociations, vous augmentez vos chances de conclure des accords favorables. N'oubliez pas que la négociation est un processus d'échange d'informations et de propositions visant à parvenir à un accord mutuellement bénéfique. Soyez patient et persévérant, car les négociations peuvent parfois prendre du temps avant d'aboutir à un accord satisfaisant pour toutes les parties impliquées.

Chapitre 9

La due diligence avant l'achat

Avant de conclure un achat immobilier, il est essentiel de mener une due diligence approfondie pour vous assurer que le bien répond à vos attentes et qu'il ne présente pas de problèmes cachés. Nous allons voir les étapes clés de la due diligence avant l'achat, notamment la vérification des titres de propriété et des documents légaux, ainsi que l'inspection du bien et l'évaluation des travaux nécessaires.

1. Vérification des titres de propriété et des documents légaux :

a. Titres de propriété : vérifiez les titres de propriété pour vous assurer que le vendeur est le propriétaire légitime du bien et qu'il a le droit de le vendre. Consultez le cadastre et les registres fonciers pour obtenir des informations précises sur la propriété.

b. Hypothèques et charges : recherchez les éventuelles hypothèques ou charges enregistrées sur le bien. Assurez-vous que le bien sera libre de toute dette ou charge au moment de la vente.

c. Documents légaux : examinez les documents juridiques liés au bien, tels que le contrat de vente, les autorisations de construire, les permis de rénovation, etc.

Assurez-vous que tout est en règle et conforme aux lois en vigueur.

d. Copropriété : si le bien est en copropriété, vérifiez les comptes de la copropriété, les procès-verbaux des assemblées générales, et assurez-vous qu'il n'y a pas de litiges en cours.

2. L'inspection du bien et l'évaluation des travaux nécessaires :

a. Inspection générale : faites inspecter le bien par un expert en bâtiment pour détecter d'éventuels problèmes structurels, d'humidité, d'isolation, etc.

b. Évaluation des travaux : estimez les coûts des travaux de rénovation ou de réparation éventuels nécessaires pour remettre le bien en bon état. Cela vous permettra de prendre en compte ces coûts dans votre budget d'investissement.

c. Conformité aux normes : assurez-vous que le bien est conforme aux normes en vigueur, notamment en matière de sécurité, de santé et d'urbanisme.

d. Environnement : vérifiez s'il y a des risques environnementaux liés au bien, comme une contamination du sol ou une proximité avec des installations industrielles.

La due diligence est une étape critique pour minimiser les risques et les surprises désagréables après l'achat. Si des problèmes majeurs sont découverts lors de la due diligence, vous pouvez négocier avec le vendeur pour réduire le prix ou vous retirer de la transaction si nécessaire.

N'oubliez pas que la due diligence doit être menée avec soin et minutie. Si vous ne vous sentez pas à l'aise pour effectuer ces vérifications par vous-même, faites appel à des professionnels du secteur immobilier, tels qu'un notaire, un avocat spécialisé en immobilier ou un

35

expert en bâtiment, pour vous aider à réaliser une due diligence complète et rigoureuse. En faisant preuve de diligence avant l'achat, vous serez mieux préparé à prendre des décisions éclairées et à réaliser un investissement immobilier solide et rentable.

Chapitre 10

Le rôle des professionnels de l'immobilier

Dans le processus d'investissement immobilier, plusieurs professionnels jouent un rôle essentiel pour vous accompagner, vous conseiller et vous assurer que vos transactions se déroulent de manière légale et sécurisée. Nous allons voir le rôle des professionnels clés de l'immobilier, notamment les agents immobiliers, les notaires et les experts-comptables.

1. Les agents immobiliers : les agents immobiliers sont des professionnels spécialisés dans la vente et l'achat de biens immobiliers. Leur rôle est de vous aider à trouver des biens correspondant à vos critères et à vos besoins, de négocier les prix avec les vendeurs, et de faciliter les transactions immobilières. Voici comment les agents immobiliers peuvent vous être utiles :

a. Recherche de biens : les agents immobiliers disposent d'un accès à une large base de données de biens disponibles sur le marché. Ils peuvent vous aider à trouver des opportunités qui correspondent à vos critères de recherche.

b. Négociation : les agents immobiliers sont des négociateurs aguerris. Ils peuvent négocier avec les vendeurs pour obtenir le meilleur prix possible pour le bien que vous souhaitez acquérir.

c. Connaissances du marché : les agents immobiliers ont une connaissance approfondie du marché immobilier local. Ils peuvent vous donner des informations sur les tendances du marché, les prix, les quartiers, etc.

d. Assistance administrative : les agents immobiliers peuvent vous aider avec les aspects administratifs et juridiques de la transaction, tels que la rédaction des contrats et la gestion des formalités.

2. Les notaires : les notaires sont des officiers publics qui jouent un rôle crucial dans les transactions immobilières en France. Leur rôle est de garantir la légalité des contrats et de s'assurer que les transactions sont conformes à la loi. Voici comment les notaires interviennent dans le processus d'achat immobilier :

a. Vérification des documents : les notaires vérifient les titres de propriété et s'assurent que le vendeur est le propriétaire légitime du bien.

b. Rédaction des actes : les notaires rédigent les actes de vente et s'assurent qu'ils respectent les lois et les réglementations en vigueur.

c. Gestion des fonds : les notaires sont responsables de la gestion des fonds liés à la transaction. Ils s'assurent que les fonds sont déposés en toute sécurité jusqu'à la finalisation de la vente.

d. Conseils juridiques : les notaires fournissent des conseils juridiques neutres et impartiaux à toutes les parties impliquées dans la transaction.

3. Les experts-comptables : les experts-comptables sont des professionnels spécialisés dans la comptabilité et la fiscalité. Lorsqu'il s'agit d'investir dans l'immobilier, un expert-comptable peut jouer un rôle crucial dans la gestion de vos finances et dans l'optimisation de votre situation fiscale. Voici comment un expert-comptable peut vous être utile :

a. Gestion comptable : un expert-comptable peut vous aider à tenir vos comptes, à suivre vos revenus et vos dépenses, et à établir un budget pour vos investissements.

b. Optimisation fiscale : un expert-comptable peut vous conseiller sur les dispositifs fiscaux avantageux pour les investissements immobiliers, tels que les lois de défiscalisation ou les régimes d'imposition spécifiques.

c. Déclarations fiscales : un expert-comptable peut se charger de préparer et de déposer vos déclarations fiscales, en veillant à ce qu'elles soient conformes aux règles fiscales en vigueur.

d. Planification financière : un expert-comptable peut vous aider à élaborer une stratégie financière globale en tenant compte de vos objectifs d'investissement et de votre situation financière.

En collaborant avec des professionnels de l'immobilier tels que des agents immobiliers, des notaires et des experts-comptables, vous pouvez bénéficier de leurs compétences spécialisées pour mener à bien vos transactions immobilières en toute sécurité et optimiser votre portefeuille d'investissement. N'hésitez pas à vous entourer de professionnels qualifiés pour bénéficier de conseils éclairés.

Chapitre 11

Une gestion locative efficace

La gestion locative est un aspect essentiel de l'investissement immobilier, car elle vous permet de maintenir et de valoriser vos biens tout en générant des revenus locatifs réguliers. Nous allons voir la gestion locative efficace, en mettant l'accent sur la recherche et la sélection des locataires appropriés, ainsi que la gestion des problèmes et des impayés.

1. Trouver et sélectionner les locataires :

a. Annonces et marketing : rédigez des annonces attrayantes pour promouvoir votre bien locatif. Utilisez des plateformes en ligne, des journaux locaux ou faites appel à des agences immobilières pour diffuser les annonces.

b. Sélection des candidats : lorsque vous recevez des candidatures, procédez à une pré-sélection en fonction des critères que vous avez définis, tels que les revenus, la stabilité financière, les antécédents de location, etc.

c. Visites du bien : organisez des visites du bien avec les candidats présélectionnés pour leur permettre de se familiariser avec le logement et poser leurs questions.

d. Vérification des références : contactez les anciens propriétaires ou les garants des candidats pour vérifier leurs antécédents de location et leur fiabilité.

e. Rédaction du contrat de location : rédigez un contrat de location clair et complet, détaillant les droits et les devoirs du locataire et du propriétaire.

2. La gestion des problèmes et des impayés :

a. Communication efficace : maintenez une communication ouverte et régulière avec vos locataires. Soyez à l'écoute de leurs préoccupations et soyez réactif en cas de problème.

b. Entretien régulier : assurez-vous que le bien est en bon état en effectuant un entretien régulier et en résolvant rapidement les problèmes de maintenance.

c. Gestion des impayés : en cas d'impayés, communiquez rapidement avec le locataire pour comprendre la situation. Si nécessaire, envoyez des rappels de paiement ou entamez des procédures de recouvrement.

d. Relations avec les voisins : encouragez des relations harmonieuses entre vos locataires et les voisins. Soyez attentif aux éventuels problèmes de voisinage et intervenez si nécessaire.

e. Respect de la vie privée : respectez la vie privée de vos locataires en planifiant les visites d'inspection ou de maintenance à l'avance et en évitant les intrusions non nécessaires.

f. Évolution des loyers : si vous envisagez d'augmenter les loyers, assurez-vous de respecter les règles légales en vigueur et informez vos locataires en avance.

La gestion locative efficace demande du temps, de l'organisation et une bonne communication. Si vous préférez externaliser cette tâche, vous pouvez faire appel à des professionnels de la gestion locative ou à des agences immobilières spécialisées. Ils peuvent s'occuper de la recherche des locataires, de la rédaction des contrats, de la gestion des problèmes et des impayés, en vous permettant de vous concentrer sur d'autres aspects de votre portefeuille d'investissement.

En mettant en place une gestion locative rigoureuse et en maintenant une relation de confiance avec vos locataires, vous maximiserez la rentabilité de vos investissements immobiliers et garantirez la pérennité de votre patrimoine.

Chapitre 12

Optimisation fiscale en investissement immobilier

L'optimisation fiscale est un aspect essentiel de l'investissement immobilier, car elle vous permet de maximiser vos rendements en minimisant votre imposition. Il existe plusieurs dispositifs fiscaux favorables qui peuvent être utilisés pour réduire l'impact fiscal de vos investissements immobiliers. Nous allons voir certains de ces dispositifs, tels que Pinel et LMNP, et nous verrons comment minimiser vos impôts sur les revenus fonciers.

1. Les dispositifs fiscaux favorables :

a. La loi Pinel : La loi Pinel est un dispositif de défiscalisation qui encourage l'investissement dans l'immobilier locatif neuf. En louant un bien pendant une durée déterminée (6 ou 9, pouvant être prorogé jusqu'à 12 ans), vous pouvez bénéficier d'une réduction d'impôt sur le revenu.

b. Le statut LMNP (Loueur Meublé Non Professionnel) : le statut LMNP est destiné aux investisseurs qui louent des biens meublés. En optant pour ce statut, vous pouvez amortir le prix du bien et déduire certaines charges, ce qui réduit le montant imposable des revenus fonciers.

c. Le régime de déficit foncier : si vos charges déductibles (intérêts d'emprunt, frais de gestion, travaux de rénovation, etc.) dépassent vos revenus fonciers, vous pouvez bénéficier d'un déficit foncier qui peut être déduit de votre revenu global jusqu'à une limite annuelle. Cela peut réduire votre imposition globale.

d. Le régime de la location meublée professionnelle (LMP) : pour les investisseurs qui tirent plus de 23 000 € de revenus locatifs par an et qui consacrent plus de 50 % de leurs revenus globaux à cette activité, le statut LMP permet de déduire la totalité des charges et des amortissements du bien.

2. Comment minimiser ses impôts sur les revenus fonciers :

a. Optimiser les charges déductibles : assurez-vous de bien recenser toutes les charges déductibles, telles que les intérêts d'emprunt, les frais de gestion, les assurances, les frais de copropriété, les travaux, etc.

b. Anticiper les travaux : réalisez les travaux d'entretien et de rénovation avant la fin de l'année pour pouvoir les déduire de vos revenus fonciers.

c. Utiliser le déficit foncier : si vous réalisez des travaux importants, vous pouvez reporter le déficit foncier d'une année sur l'autre pour maximiser ses avantages fiscaux.

d. Étudier les dispositifs fiscaux adaptés : chaque dispositif fiscal a ses propres conditions et avantages. Étudiez attentivement les différentes options pour choisir celle qui correspond le mieux à votre situation et à vos objectifs d'investissement.

e. Faire appel à un expert-comptable : si la fiscalité vous semble complexe, il est recommandé de faire appel à un expert-comptable spécialisé en investissement immobilier. Il pourra vous conseiller sur les meilleures stratégies d'optimisation fiscale adaptées à votre profil d'investisseur.

Il est essentiel de bien comprendre les mécanismes fiscaux en vigueur et de planifier votre investissement immobilier en fonction de vos objectifs financiers et de votre situation fiscale. En optimisant vos investissements sur le plan fiscal, vous pourrez augmenter vos rendements et accroître la rentabilité globale de votre portefeuille immobilier. Cependant, n'oubliez pas que la fiscalité évolue et que les dispositifs fiscaux peuvent être modifiés. Renseignez-vous régulièrement et consultez des professionnels qualifiés pour vous tenir informé des dernières règles fiscales en vigueur.

Chapitre 13

La gestion du risque en immobilier

L'investissement immobilier peut être lucratif, mais il comporte également des risques. Pour protéger votre patrimoine et garantir la pérennité de vos investissements, il est essentiel de gérer le risque de manière proactive. Nous allons voir la diversification du portefeuille immobilier et les assurances et protections à considérer pour minimiser les risques.

1. Diversification du portefeuille immobilier : la diversification est une stratégie clé pour réduire les risques liés à l'investissement immobilier. Plutôt que de concentrer tous vos investissements dans un seul bien ou un seul type de bien, diversifier votre portefeuille vous permet de répartir les risques. Voici comment diversifier votre portefeuille immobilier :

a. Types de biens : investissez dans différents types de biens immobiliers, tels que des appartements, des maisons individuelles, des bureaux ou des locaux commerciaux.

b. Localisations : choisissez des biens dans des localisations différentes pour éviter d'être trop exposé à la performance d'un seul marché immobilier.

c. Risques locatifs : mélangez des biens avec des profils locatifs variés, tels que des biens destinés à la location longue durée et des biens destinés à la location saisonnière ou courte durée.

d. Risques financiers : évitez de vous endetter excessivement sur un seul bien. Diversifiez les sources de financement et maintenez une marge de sécurité financière.

En diversifiant votre portefeuille immobilier, vous réduisez la dépendance à un seul bien ou à un seul marché et vous augmentez les chances d'obtenir un rendement global plus stable et sécurisé.

2. Assurances et protections à considérer :

a. Assurance habitation : souscrivez une assurance habitation pour couvrir les risques liés à la destruction ou aux dommages matériels du bien.

b. Assurance loyers impayés : pour vous protéger contre les impayés de loyers, vous pouvez souscrire une assurance loyers impayés qui vous indemnise en cas de défaut de paiement du locataire.

c. Assurance propriétaire non-occupant : Si vous possédez un bien destiné à la location saisonnière ou courte durée, souscrivez une assurance propriétaire non-occupant pour couvrir les risques pendant les périodes d'inoccupation.

d. Assurance responsabilité civile : protégez-vous contre les éventuelles réclamations de tiers en souscrivant une assurance responsabilité civile.

e. Assurance perte d'exploitation : pour les biens commerciaux, envisagez une assurance perte d'exploitation qui vous indemnise en cas de fermeture du commerce suite à un sinistre.

f. Assurance vie et invalidité : pensez à souscrire une assurance vie et invalidité pour protéger vos proches et vous-même en cas d'événement imprévu.

En plus des assurances, vous pouvez également mettre en place des structures juridiques adaptées, telles que la création de SCI (Société Civile Immobilière). La gestion du risque en immobilier est un processus continu. Soyez vigilant, informé et prévoyant pour anticiper les risques potentiels et mettre en place les protections nécessaires pour préserver votre patrimoine et sécuriser vos investissements à long terme. En combinant la diversification du portefeuille avec les assurances et des protections appropriées, vous pourrez investir de manière plus sereine et assurer la durabilité de vos investissements immobiliers.

Chapitre 14

L'importance de l'entretien et de la rénovation

L'entretien et la rénovation jouent un rôle essentiel dans la préservation de la valeur de votre patrimoine immobilier. En prenant soin de vos biens et en effectuant des rénovations appropriées, vous pouvez non seulement maintenir la valeur de votre patrimoine, mais aussi le valoriser pour en tirer un meilleur rendement à long terme. Nous allons voir l'importance de l'entretien et de la rénovation, ainsi que les investissements pour valoriser vos biens immobiliers.

1. Les investissements pour valoriser ses biens :

a. Rénovations majeures : les rénovations majeures, telles que la rénovation complète d'un bien ancien, l'agrandissement ou la modernisation des équipements, peuvent considérablement augmenter la valeur de votre bien. Ces rénovations peuvent rendre le bien plus attrayant pour les locataires ou les acheteurs potentiels.

b. Améliorations énergétiques : investir dans des améliorations énergétiques, telles que l'isolation, le remplacement des fenêtres ou l'installation de panneaux solaires, peut non seulement réduire les coûts d'exploitation du bien, mais aussi en augmenter la valeur en le rendant plus économe en énergie.

c. Aménagements extérieurs : les aménagements extérieurs, comme l'entretien du jardin, la création d'espaces de vie extérieurs ou l'installation d'une piscine, peuvent améliorer l'attrait visuel du bien et augmenter sa valeur.

d. Modernisation des équipements : la modernisation des équipements, tels que la cuisine, la salle de bains ou les systèmes de chauffage et de climatisation, peut rendre le bien plus fonctionnel et attractif pour les locataires ou les acheteurs.

2. Comment maintenir la valeur de votre patrimoine :

a. Entretien régulier : effectuez un entretien régulier de vos biens pour prévenir les problèmes et détecter les dégradations à un stade précoce. Cela évite des coûts plus importants à l'avenir et maintient la valeur du bien.

b. Réparations immédiates : réparez rapidement les problèmes et les dégâts signalés par les locataires ou découverts lors des inspections. Une maintenance proactive évite les dégradations supplémentaires et garantit la satisfaction des locataires.

c. Mises à jour régulières : effectuez des mises à jour régulières pour garder votre bien au goût du jour. Cela peut inclure des peintures, des changements de revêtements de sol, des remplacements d'équipements, etc.

d. Suivre les tendances du marché : soyez attentif aux évolutions du marché immobilier et des demandes des locataires ou des acheteurs potentiels. Adaptez votre bien en fonction des besoins du marché pour conserver sa valeur.

e. Évaluer la rentabilité des rénovations : avant de réaliser des rénovations, évaluez attentivement leur rentabilité potentielle. Toutes les rénovations ne se traduiront pas nécessairement par une augmentation significative de la valeur du bien.

En prenant soin de vos biens et en investissant judicieusement dans des rénovations adaptées, vous pouvez maintenir et augmenter la valeur de votre patrimoine immobilier. Une approche proactive en matière d'entretien et de rénovation vous permettra également d'attirer et de fidéliser des locataires de qualité, ce qui est essentiel pour assurer la pérennité de vos revenus locatifs. Soyez attentif aux besoins du marché, restez à l'écoute de vos locataires et n'hésitez pas à consulter des professionnels pour vous conseiller sur les meilleures améliorations à apporter à vos biens immobiliers.

Chapitre 15

Investir dans l'immobilier à l'étranger

Investir dans l'immobilier à l'étranger peut être une option intéressante pour diversifier votre portefeuille d'investissement et profiter d'opportunités internationales. Cependant, cela comporte également des avantages et des défis spécifiques. Nous allons voir les avantages et les défis de l'investissement à l'étranger, ainsi que quelques pays attractifs pour les investisseurs français.

1. Les avantages de l'investissement à l'étranger :

a. Diversification du portefeuille : investir à l'étranger permet de diversifier vos investissements géographiquement, réduisant ainsi l'exposition à un seul marché immobilier.

b. Potentiel de rendement élevé : certains pays offrent des opportunités d'investissement avec des rendements plus élevés que ceux du marché national.

c. Réglementations fiscales avantageuses : certains pays proposent des régimes fiscaux favorables aux investisseurs étrangers, ce qui peut permettre de réduire la charge fiscale.

d. Accès à de nouveaux marchés : investir à l'étranger peut vous permettre d'accéder à des marchés en croissance et à des secteurs immobiliers en plein essor.

2. Les défis de l'investissement à l'étranger :

a. Barrière linguistique et culturelle : la langue et la culture peuvent représenter des obstacles lors de la recherche et de la gestion des biens à l'étranger.

b. Réglementations et lois locales : chaque pays a ses propres réglementations et lois immobilières, ce qui peut compliquer les procédures administratives.

c. Distance et gestion à distance : gérer un bien à l'étranger peut être complexe, surtout si vous êtes éloigné géographiquement.

d. Risques politiques et économiques : les investissements à l'étranger peuvent être soumis à des risques politiques et économiques spécifiques au pays.

3. Les pays attractifs pour les investisseurs français :

a. Portugal : le Portugal est devenu très attractif pour les investisseurs français, en particulier à Lisbonne et Porto. Les avantages fiscaux pour les résidents non habituels et le cadre législatif favorable aux investisseurs en font un choix populaire.

b. Espagne : l'Espagne offre également des opportunités intéressantes, notamment sur la Costa del Sol et à Barcelone. Le marché immobilier espagnol est en plein essor, et les prix restent attractifs.

c. Maroc : le Maroc est un pays en développement avec un marché immobilier en croissance, notamment dans les villes comme Marrakech ou Casablanca.

d. Thaïlande : pour les investisseurs à la recherche de destinations plus exotiques, la Thaïlande offre des opportunités dans des lieux touristiques comme Bangkok ou Phuket.

e. États-Unis : les grandes villes américaines, telles que Miami ou New York, attirent les investisseurs français grâce à leur stabilité économique et leur potentiel de rendement élevé.

Avant de décider d'investir à l'étranger, il est essentiel de faire des recherches approfondies sur le marché immobilier du pays ciblé, de comprendre la réglementation locale et les implications fiscales, et de prendre en compte les risques spécifiques à la région. Si vous n'êtes pas à l'aise pour investir seul à l'étranger, vous pouvez également envisager de collaborer avec des professionnels locaux ou des entreprises spécialisées dans l'investissement immobilier international pour vous accompagner dans cette démarche.

Chapitre 16

Les erreurs à éviter en investissement immobilier

Investir dans l'immobilier peut être une voie lucrative pour atteindre l'indépendance financière, mais cela comporte également des risques et des pièges à éviter. Nous allons voir les erreurs courantes à éviter, en particulier pour les débutants, ainsi que les leçons apprises de l'expérience de l'auteur.

1. Les pièges courants pour les débutants :

a. Manque de recherche et de planification : beaucoup de débutants se lancent dans l'investissement immobilier sans avoir suffisamment étudié le marché, la réglementation ou les stratégies d'investissement. Une recherche approfondie et une planification minutieuse sont essentielles pour réussir.

b. Surestimation des revenus potentiels : il est facile de surestimer les revenus locatifs ou les gains en capital, en négligeant les coûts d'exploitation, les taxes et les éventuels problèmes de vacance.

c. Mauvaise gestion financière : une mauvaise gestion financière, comme des dépenses excessives, un endettement élevé ou des investissements sans fonds propres suffisants, peut entraîner des difficultés financières.

d. Négliger l'entretien et la gestion : ignorer l'entretien régulier des biens ou la gestion efficace des locataires peut entraîner des dégradations et des impayés, affectant la rentabilité de l'investissement.

e. Suivre les modes sans discernement : suivre aveuglément les tendances du marché ou les modes d'investissement sans évaluer leur adéquation à vos objectifs peut être risqué.

2. Les leçons apprises de l'expérience de l'auteur :

a. La patience est essentielle : l'investissement immobilier est un parcours à long terme. La patience est nécessaire pour obtenir des rendements solides et éviter les décisions impulsives.

b. Apprendre de ses erreurs : les erreurs font partie de l'apprentissage. Il est important de tirer des leçons de ses échecs et de les éviter à l'avenir.

c. Diversifier pour réduire les risques : diversifier votre portefeuille immobilier et choisir différentes stratégies d'investissement peuvent réduire les risques globaux.

d. Ne pas trop s'endetter : l'effet de levier peut être puissant, mais s'endetter excessivement peut aussi être risqué, surtout en cas de retournement du marché.

e. Se former en continu : le marché immobilier évolue en permanence, il est donc essentiel de rester informé et de se former régulièrement.

f. S'entourer de professionnels qualifiés : collaborer avec des experts tels que des agents immobiliers, des notaires, des experts-comptables ou des conseillers financiers peut vous apporter des conseils éclairés.

L'investissement immobilier est un domaine complexe, mais en évitant les pièges courants et en tirant des leçons de l'expérience de ceux qui l'ont déjà parcouru, vous pouvez améliorer vos chances de réussir dans ce domaine. Soyez conscient des risques, prenez des décisions réfléchies et n'hésitez pas à demander conseil à des professionnels pour maximiser les avantages de vos investissements immobiliers.

Chapitre 17

La gestion du temps et de l'efficacité

En tant qu'investisseur immobilier, gérer votre temps de manière efficace est essentiel pour maximiser la rentabilité de vos investissements et atteindre vos objectifs financiers. Nous allons voir des conseils pour optimiser votre temps en tant qu'investisseur immobilier, ainsi que l'importance de la persévérance et de la discipline dans ce domaine.

1. Comment optimiser son temps en tant qu'investisseur immobilier :

a. Établir des objectifs clairs : définissez des objectifs précis et réalistes pour vos investissements immobiliers. Cela vous permettra de mieux planifier et de vous concentrer sur les actions les plus importantes pour les atteindre.

b. Planifier à l'avance : établissez un calendrier et planifiez vos tâches à l'avance. Organisez-vous en définissant des priorités pour gérer efficacement votre temps.

c. Automatiser et déléguer : identifiez les tâches récurrentes et chronophages que vous pouvez automatiser ou déléguer à des professionnels (par exemple, gestion locative, comptabilité) pour vous concentrer sur des tâches plus stratégiques.

d. Utiliser la technologie : les outils technologiques peuvent vous aider à gérer vos finances, vos annonces immobilières, vos communications avec les locataires, etc. De nombreuses applications et logiciels sont conçus spécifiquement pour les investisseurs immobiliers.

e. Éviter les distractions : identifiez les distractions qui vous font perdre du temps (comme les réseaux sociaux ou les sollicitations non prioritaires) et essayez de les limiter pour rester concentré sur vos tâches.

f. Mettre en place des systèmes efficaces : créez des processus et des systèmes pour rationaliser vos opérations. Par exemple, utilisez des modèles de contrats, des check-lists pour les inspections, etc.

2. L'importance de la persévérance et de la discipline :

a. S'adapter aux défis : l'investissement immobilier peut comporter des défis et des obstacles. La persévérance vous permettra de surmonter les difficultés et de vous adapter aux changements du marché.

b. Rester discipliné dans vos décisions : la discipline est cruciale pour éviter les décisions impulsives ou émotionnelles. Restez fidèle à votre stratégie d'investissement et évitez de vous laisser influencer par les fluctuations du marché.

c. Apprendre de l'expérience : chaque investissement est une occasion d'apprentissage. Analysez les résultats de vos décisions passées pour vous améliorer et prendre des décisions plus éclairées à l'avenir.

d. Savoir prendre des risques calculés : l'immobilier comporte des risques, mais la discipline vous permettra de prendre des risques calculés en évaluant les opportunités de manière rationnelle.

e. Maintenir une vision à long terme : la persévé-rance et la discipline vous aideront à garder en tête vos objectifs à long terme, même en période de volatilité ou de difficultés.

En tant qu'investisseur immobilier, votre temps est précieux et vos décisions sont cruciales pour la réussite de vos projets. En optimisant votre temps, en restant persévérant face aux défis et en faisant preuve de discipline dans vos décisions, vous augmenterez vos chances de réussir et de construire un portefeuille immobilier rentable et durable.

Chapitre 18

Le networking et les partenariats

Le networking et les partenariats sont des éléments clés pour réussir en tant qu'investisseur immobilier. Créer un réseau professionnel solide et collaborer avec d'autres investisseurs et professionnels peuvent ouvrir de nouvelles opportunités, accélérer votre croissance et vous donner accès à des ressources précieuses. Nous allons voir comment créer un réseau professionnel solide et les avantages de la collaboration avec d'autres acteurs du secteur immobilier.

1. Comment créer un réseau professionnel solide :

a. Assister à des événements immobiliers : participez à des séminaires, des conférences ou des salons immobiliers pour rencontrer d'autres investisseurs, des agents immobiliers, des gestionnaires de biens et des professionnels du secteur.

b. Rejoindre des groupes immobiliers : intégrez des groupes ou des associations immobilières locaux ou en ligne pour échanger avec des personnes partageant les mêmes intérêts.

c. Utiliser les réseaux sociaux : Les réseaux sociaux, comme LinkedIn ou BiggerPockets, peuvent être d'excellents moyens de nouer des contacts et d'établir des relations professionnelles.

d. Participer à des clubs d'investisseurs : de nombreuses villes ont des clubs d'investisseurs immobiliers où vous pouvez rencontrer d'autres investisseurs et apprendre de leurs expériences.

e. Se faire recommander : bâtissez votre réputation en offrant un excellent service en tant que propriétaire ou gestionnaire de biens. Les recommandations positives peuvent attirer de nouveaux partenaires et clients.

2. Collaboration avec d'autres investisseurs et professionnels :

a. Le co-investissement : Le co-investissement avec d'autres investisseurs peut vous permettre de partager les risques, les coûts et les compétences. Vous pouvez ainsi réaliser des projets plus ambitieux.

b. La gestion locative en partenariat : travailler avec un gestionnaire de biens peut vous libérer du temps et des soucis liés à la gestion quotidienne de vos biens.

c. L'acquisition de connaissances : collaborer avec des professionnels expérimentés vous permettra d'apprendre de leurs stratégies et de leurs meilleures pratiques.

d. L'accès à des opportunités : vos partenaires peuvent vous donner accès à des opportunités d'investissement que vous n'auriez pas découvertes seul.

e. L'accès à des ressources : travailler avec d'autres professionnels peut vous donner accès à des ressources telles que des financements, des compétences spécifiques, des contacts dans l'industrie, etc.

Il est essentiel de cultiver des relations professionnelles solides et de collaborer avec d'autres acteurs du secteur immobilier pour réussir dans ce domaine. Le networking vous permettra de vous tenir informé des dernières tendances du marché, d'échanger des idées et des conseils, et d'ouvrir de nouvelles opportunités d'in-

vestissement. La collaboration avec d'autres investisseurs et professionnels vous permettra de bénéficier de
synergies, de partager les risques et les compétences, et
de maximiser votre succès en tant qu'investisseur immobilier. Soyez ouvert aux opportunités de partenariat,
construisez votre réseau avec soin et entretenez vos relations professionnelles pour créer une base solide pour
votre parcours d'investisseur immobilier.

Chapitre 19

La gestion du stress et des émotions

L'investissement immobilier peut être une aventure passionnante, mais il est également accompagné de hauts et de bas qui peuvent être source de stress et d'émotions fortes. Nous allons voir les hauts et les bas de l'investissement immobilier et les stratégies pour garder son sang-froid et faire face aux défis émotionnels qui peuvent se présenter.

1. Les hauts et les bas de l'investissement immobilier :

a. Succès et satisfaction : les réussites, comme l'acquisition d'un bien rentable ou la conclusion d'une bonne affaire, apportent une grande satisfaction et renforcent votre confiance en tant qu'investisseur.

b. Stress financier : les fluctuations du marché, les dépenses imprévues ou les problèmes de vacance peuvent créer des tensions financières et des inquiétudes.

c. Gestion des locataires : gérer les problèmes et les relations avec les locataires peut être une source de stress et d'émotions, en particulier en cas d'impayés ou de conflits.

d. Volatilité du marché : les fluctuations du marché immobilier peuvent provoquer des sentiments d'incertitude et d'inquiétude quant à la valeur de votre patrimoine.

2. Les stratégies pour garder son sang-froid :

a. Rester informé : éduquez-vous sur le marché immobilier, les stratégies d'investissement et les meilleures pratiques pour prendre des décisions éclairées et rationnelles.

b. Établir une stratégie solide : avoir un plan d'investissement clair et réaliste vous donnera un cadre pour prendre des décisions cohérentes et vous empêchera de céder aux impulsions.

c. S'appuyer sur un réseau de soutien : partagez vos expériences avec d'autres investisseurs, rejoignez des groupes d'investisseurs ou trouvez un mentor pour bénéficier d'un soutien émotionnel et de conseils pratiques.

d. Gérer vos attentes : soyez réaliste quant aux rendements attendus et préparez-vous à faire face à des imprévus.

e. Pratiquer la pleine conscience : la méditation de pleine conscience peut vous aider à gérer le stress et à prendre du recul sur les situations difficiles.

f. Prendre du recul en cas de décisions difficiles : si vous vous trouvez face à une décision importante et stressante, prenez du recul, prenez le temps de réfléchir et évitez de prendre des décisions impulsives.

g. Déléguer lorsque cela est nécessaire : si certaines tâches ou décisions vous semblent trop stressantes, n'hésitez pas à déléguer à des professionnels qualifiés.

h. Prendre soin de soi : assurez-vous de prendre du temps pour vous-même, pour vos loisirs et vos proches. Une bonne santé mentale et physique contribue à une prise de décision plus éclairée et sereine.

Il est normal de ressentir des émotions fortes dans le cadre de l'investissement immobilier, mais il est essentiel de développer des stratégies pour garder son sang-froid et gérer le stress. En restant informé, en s'appuyant sur un réseau de soutien, en gérant ses attentes et en prenant soin de soi, vous serez mieux préparé pour affronter les hauts et les bas de l'investissement immobilier et pour atteindre vos objectifs financiers à long terme.

Chapitre 20

La préparation de la retraite

L'immobilier peut jouer un rôle essentiel dans la préparation de la retraite en fournissant des sources de revenus passifs et en contribuant à la constitution d'un patrimoine durable. Nous allons voir l'importance de l'immobilier comme source de revenus pour la retraite et la nécessité d'une planification financière à long terme pour assurer une retraite confortable et sécurisée.

1. L'immobilier comme source de revenus pour la retraite :

a. Génération de revenus passifs : l'immobilier peut générer des revenus passifs grâce aux loyers perçus des propriétés. Ces revenus peuvent constituer une source stable de financement pendant la retraite.

b. Protection contre l'inflation : les revenus de location ont tendance à augmenter avec l'inflation, ce qui permet de maintenir le pouvoir d'achat au fil du temps.

c. Constitution d'un patrimoine : investir dans l'immobilier permet de constituer un patrimoine durable qui pourra être transmis à la génération suivante.

d. Diversification du portefeuille : l'immobilier offre une diversification par rapport à d'autres actifs, tels que les actions ou les obligations, ce qui peut réduire les risques liés aux fluctuations du marché.

2. La planification financière à long terme :

a. Définir vos objectifs de retraite : déterminez le niveau de vie que vous souhaitez avoir à la retraite et fixez des objectifs financiers clairs pour y parvenir.

b. Évaluer vos besoins financiers : calculez vos besoins financiers pour la retraite, en tenant compte des dépenses quotidiennes, des frais médicaux, des loisirs, etc.

c. Estimer ses sources de revenus : faites une estimation réaliste de vos sources de revenus à la retraite, y compris les pensions, les investissements, les rentes, et bien sûr, les revenus générés par l'immobilier.

d. Créer un plan d'épargne et d'investissement : élaborez un plan d'épargne et d'investissement à long terme pour atteindre vos objectifs de retraite. L'immobilier peut être intégré dans ce plan en tant que moyen de générer des revenus et de faire croître votre patrimoine.

e. Prévoir une marge de sécurité : tenez compte des imprévus et prévoyez une marge de sécurité dans votre planification financière pour faire face à d'éventuels aléas.

f. Réviser et ajuster régulièrement : revoyez régulièrement votre planification financière en fonction des changements dans votre situation personnelle et dans les conditions économiques.

g. Consulter des professionnels : n'hésitez pas à consulter des conseillers financiers ou des experts en planification de retraite pour vous aider à élaborer une stratégie personnalisée.

Investir dans l'immobilier peut être un moyen puissant de préparer votre retraite en créant des sources de revenus durables et en construisant un patrimoine à long terme. Cependant, une planification financière globale est nécessaire pour vous assurer une retraite confortable et sécurisée. En établissant des objectifs clairs, en évaluant vos besoins financiers et en créant un plan d'épargne et d'investissement solide, vous pouvez mettre en place une stratégie efficace pour atteindre vos objectifs de retraite avec succès.

Chapitre 21

L'impact de la technologie sur l'immobilier

La technologie a radicalement transformé l'industrie immobilière, offrant de nouveaux outils et opportunités pour les investisseurs. Nous allons voir l'impact de la technologie sur l'immobilier, en mettant l'accent sur les outils et les plateformes qui facilitent l'investissement et les tendances technologiques à surveiller dans le secteur.

1. Les outils et les plateformes pour faciliter l'investissement :

a. Plateformes de crowdfunding immobilier : les plateformes de crowdfunding permettent aux investisseurs d'accéder à des projets immobiliers variés en investissant de petites sommes d'argent dans des projets collectifs.

b. Applications de recherche immobilière : les applications de recherche immobilière facilitent la recherche de biens, permettant aux investisseurs de filtrer les propriétés en fonction de critères spécifiques et de consulter des informations détaillées.

c. Logiciels de gestion immobilière : les logiciels de gestion immobilière automatisent les tâches administratives telles que la collecte des loyers, les communications avec les locataires et le suivi des dépenses.

d. Technologie de visualisation : les outils de visualisation, comme la réalité virtuelle, permettent aux investisseurs de visiter virtuellement les biens avant de les acheter, ce qui peut accélérer le processus de décision.

e. Systèmes d'analyse de données : les systèmes d'analyse de données peuvent fournir des informations précieuses sur les tendances du marché immobilier, les prix des propriétés et les performances potentielles des investissements.

2. Les tendances technologiques à surveiller :

a. Intelligence artificielle et big data : l'intelligence artificielle et l'analyse de données massives permettent de prendre des décisions plus éclairées en matière d'investissement, en identifiant les tendances et les opportunités.

b. Blockchain et tokenisation : la technologie blockchain offre des possibilités pour faciliter les transactions immobilières, en rendant le processus plus transparent, sécurisé et efficace.

c. Internet des objets (IoT) : ;'IoT permet la collecte de données en temps réel à partir de capteurs intégrés dans les bâtiments, ce qui peut améliorer la gestion immobilière et l'efficacité énergétique.

d. Analyse prédictive : l'analyse prédictive utilise les données historiques pour anticiper les tendances futures du marché immobilier, permettant aux investisseurs de prendre des décisions plus informées.

e. Automatisation des processus : l'automatisation des processus peut simplifier et accélérer les tâches administratives, libérant du temps pour se concentrer sur des activités stratégiques.

f. E-commerce immobilier : les plateformes d'e-commerce immobilier offrent des opportunités pour acheter, vendre et louer des biens en ligne, ce qui peut élargir les possibilités d'investissement.

L'innovation technologique continue de remodeler l'industrie immobilière, offrant de nouvelles façons de rechercher, d'investir et de gérer des biens immobiliers. En restant à l'affût des tendances technologiques émergentes et en utilisant les outils disponibles, les investisseurs peuvent améliorer leur efficacité, accéder à de nouvelles opportunités et prendre des décisions plus éclairées dans un marché immobilier en constante évolution.

Chapitre 22

Votre responsabilité sociale en qualité d'investisseur immobilier

En votre qualité d'investisseur immobilier, vous jouez un rôle important dans votre communauté locale. Vous avez la responsabilité de contribuer positivement à son développement et à son bien-être. Nous allons voir l'impact de l'investisseur immobilier sur la communauté locale et les initiatives durables et éthiques en immobilier qui permettent de favoriser un développement responsable et équilibré.

1. L'impact sur la communauté locale :

a. Création d'emplois : les investissements immobiliers peuvent générer des emplois dans la construction, la gestion immobilière, la maintenance, etc., contribuant ainsi à la création de richesse dans la région.

b. Amélioration de l'environnement urbain : la réhabilitation ou la construction de nouveaux biens peut améliorer l'environnement urbain et rendre les quartiers plus attractifs pour les résidents et les entreprises.

c. Renforcement des infrastructures : l'investissement dans des projets immobiliers peut entraîner des améliorations des infrastructures locales, telles que les routes, les transports en commun et les parcs.

d. Conservation du patrimoine culturel : la restauration de bâtiments historiques ou emblématiques peut contribuer à la préservation du patrimoine culturel de la communauté.

2. Les initiatives durables et éthiques en immobilier :

a. Construction et rénovation durables : optez pour des pratiques de construction et de rénovation respectueuses de l'environnement, en utilisant des matériaux durables et en favorisant l'efficacité énergétique.

b. Intégration dans la communauté : impliquez-vous dans la communauté locale en participant à des initiatives de développement social, en soutenant des associations caritatives ou en collaborant avec des acteurs locaux.

c. Promotion de l'inclusion sociale : favorisez l'inclusion sociale en proposant des logements accessibles à différentes catégories de population, y compris les personnes à faible revenu.

d. Gestion responsable des biens : assurez-vous d'entretenir vos biens de manière responsable et réactive pour préserver la qualité de vie des résidents et contribuer à l'attractivité du quartier.

e. Transparence et éthique dans les transactions : soyez transparent dans vos transactions immobilières et respectez les normes éthiques en matière de relations avec les parties prenantes.

f. Investissement dans des projets socialement responsables : si possible, investissez dans des projets qui ont un impact social positif, tels que des initiatives de logement abordable ou des projets de développement durable.

La responsabilité sociale de l'investisseur immobilier ne se limite pas aux rendements financiers. En tenant compte de l'impact de vos investissements sur la communauté locale et en adoptant des initiatives durables et éthiques, vous pouvez contribuer à un développement équilibré et responsable de votre secteur d'activité. En tant qu'acteur clé de votre communauté, votre engagement envers la responsabilité sociale peut contribuer à améliorer la qualité de vie des résidents et à créer un environnement favorable à la prospérité et à la durabilité à long terme.

Chapitre 23

L'immobilier comme moyen de transmission de patrimoine

L'immobilier peut jouer un rôle essentiel en tant que moyen de transmission de patrimoine à travers les générations. Nous allons voir comment préparer sa succession avec l'immobilier et les avantages que cela peut apporter aux générations futures.

1. Préparer votre succession avec l'immobilier :

a. Planification successorale : l'immobilier doit être intégré dans votre planification successorale. Cela peut impliquer la rédaction d'un testament, l'établissement d'une fiducie, ou d'autres mesures légales pour s'assurer que vos biens immobiliers seront transmis selon vos souhaits.

b. Choix des héritiers : lors de la préparation de votre succession, vous devrez décider comment vos biens immobiliers seront répartis entre vos héritiers. Il est essentiel de prendre en compte les préférences et les besoins de chaque bénéficiaire.

c. Minimiser les taxes successorales : l'immobilier peut être soumis à des taxes successorales élevées. Il est important de prendre des mesures pour minimiser ces taxes afin de garantir que vos héritiers pourront conserver le patrimoine immobilier sans difficultés financières excessives.

d. Transmettre des valeurs familiales : la transmission de biens immobiliers peut être l'occasion de transmettre des valeurs familiales, de favoriser la cohésion familiale et de renforcer les liens entre les générations.

2. Les avantages pour les générations futures :

a. Sécurité financière : l'immobilier transmis peut fournir une sécurité financière à vos héritiers, en leur offrant une source de revenus réguliers grâce aux loyers ou en leur permettant de disposer d'un actif tangible qui peut être utilisé selon leurs besoins.

b. Constitution de patrimoine : l'immobilier transmis constitue un patrimoine durable qui peut s'apprécier avec le temps, offrant ainsi à vos héritiers la possibilité de bâtir leur propre richesse.

c. Opportunités d'investissement : l'immobilier hérité peut offrir à vos héritiers des opportunités d'investissement, qu'ils peuvent utiliser pour développer leur portefeuille immobilier ou explorer d'autres types d'investissements.

d. Logement pour les générations futures : la propriété immobilière transmise peut fournir un logement stable et sûr pour les générations futures, leur évitant ainsi les contraintes du marché locatif.

e. Perpétuer la tradition familiale : l'immobilier transmis peut être chargé d'histoire et de souvenirs familiaux, perpétuant ainsi la tradition familiale et créant un héritage émotionnel pour les générations à venir.

En utilisant l'immobilier comme moyen de transmission de patrimoine, vous pouvez assurer la continuité de votre héritage financier et émotionnel pour les générations futures. Une planification successorale appropriée, combinée à une attention particulière aux besoins de vos héritiers, permettra de préserver et de valoriser votre patrimoine immobilier, offrant ainsi des avantages significatifs aux générations à venir.

Chapitre 24

Les défis du marché immobilier français

Le marché immobilier français, comme tout marché, est confronté à des défis qui peuvent influencer les opportunités d'investissement et les perspectives de croissance. Nous allons voir les principaux facteurs économiques et sociaux à surveiller ainsi que les opportunités qui peuvent émerger malgré les défis.

1. Les facteurs économiques et sociaux à surveiller :

a. Évolution des taux d'intérêt : les taux d'intérêt influencent directement le coût du financement immobilier. Une augmentation des taux d'intérêt peut entraîner une baisse de la demande d'achat et une pression sur les prix.

b. Tendances démographiques : les évolutions démographiques, comme le vieillissement de la population, l'urbanisation ou la migration, peuvent influencer la demande de logements et la localisation des investissements.

c. Conditions économiques générales : l'état de l'économie française, les niveaux de chômage et les perspectives de croissance peuvent avoir un impact sur la confiance des investisseurs et des consommateurs, ainsi que sur la demande de biens immobiliers.

d. Réglementation immobilière : les changements dans la réglementation, tels que les lois sur la location ou les mesures fiscales, peuvent influencer la rentabilité des investissements immobiliers.

e. Évolution des modes de vie : les évolutions des modes de vie, des préférences en matière de logement et des besoins des consommateurs peuvent entraîner des changements dans la demande de biens immobiliers.

2. Les opportunités malgré les défis :

a. Investissement dans des actifs sûrs : l'immobilier est souvent considéré comme un actif sûr, surtout en période d'incertitude économique. Les investisseurs peuvent rechercher des biens immobiliers offrant stabilité et sécurité.

b. Opportunités dans les zones en développement : les zones en développement ou en rénovation peuvent offrir des opportunités d'investissement attractives à long terme, notamment dans les quartiers en gentrification.

c. Focus sur les besoins spécifiques : la demande de logements abordables, de colocations, ou adaptés aux besoins des personnes âgées peut offrir des perspectives de marché intéressantes.

d. Innovation technologique : les technologies émergentes peuvent ouvrir de nouvelles opportunités dans l'immobilier, que ce soit dans la construction durable, la gestion intelligente des bâtiments, ou les plateformes d'investissement.

e. Location meublée touristique : pour les investisseurs intéressés par la location meublée courte durée, l'afflux de touristes en France peut offrir des opportunités lucratives.

Malgré les défis auxquels le marché immobilier français peut être confronté, des opportunités subsistent pour les investisseurs avertis. Une bonne compréhension des facteurs économiques et sociaux en jeu, ainsi qu'une analyse rigoureuse du marché, peuvent permettre de saisir les opportunités qui correspondent à vos objectifs d'investissement. En adaptant votre stratégie aux conditions changeantes du marché, vous pouvez tirer parti des opportunités pour réussir dans le secteur de l'immobilier.

Chapitre 25

Les stratégies avancées pour maximiser vos profits

Nous allons voir des stratégies avancées visant à maximiser vos profits en tant qu'investisseur immobilier. Ces stratégies comprennent le réinvestissement des gains et les techniques d'optimisation de la rentabilité pour exploiter pleinement le potentiel de vos investissements.

1. Le réinvestissement des gains :

a. Réinvestir dans de nouveaux biens : plutôt que de dépenser vos gains, envisagez de réinvestir dans de nouveaux biens immobiliers. Cela vous permettra d'augmenter votre portefeuille et d'accroître vos revenus passifs.

b. Améliorer les propriétés existantes : vous pouvez également réinvestir dans vos propriétés existantes pour les améliorer et augmenter leur valeur. Des rénovations ou des améliorations peuvent attirer des locataires de qualité et augmenter les loyers.

c. Consolider les dettes : si vous avez plusieurs propriétés avec des prêts immobiliers, la consolidation des dettes peut réduire vos coûts d'emprunt et libérer des liquidités pour de nouveaux investissements.

d. Diversifier vos investissements : en réinvestissant dans différents types de biens immobiliers ou dans d'autres classes d'actifs, vous pouvez diversifier votre portefeuille et répartir les risques.

2. Les techniques d'optimisation de la rentabilité :

a. Analyse continue du marché : surveillez régulièrement les tendances du marché immobilier pour identifier les opportunités d'achat et de vente au meilleur moment.

b. Négociation des contrats de location : améliorez la rentabilité de vos propriétés en négociant des contrats de location avantageux et en veillant à ce que les loyers soient alignés sur le marché.

c. Gestion efficace des coûts : réduisez les coûts opérationnels en gérant efficacement vos propriétés, en entretenant régulièrement les bâtiments et en minimisant les dépenses inutiles.

d. Utilisation de l'effet de levier : profitez de l'effet de levier en utilisant judicieusement l'emprunt pour financer vos investissements. Cependant, veillez à ne pas vous surendetter et à évaluer soigneusement les risques.

e. Stratégies fiscales optimales : utilisez les dispositifs fiscaux favorables pour réduire votre charge fiscale et maximiser vos rendements nets.

d. Considérer les cycles économiques : tenez compte des cycles économiques pour acheter lorsque les prix sont bas et vendre lorsque le marché est favorable.

e. Surveiller les opportunités d'expansion : soyez à l'affût des opportunités d'expansion de votre portefeuille immobilier lorsque le marché est favorable.

En adoptant ces stratégies avancées, vous pouvez améliorer la rentabilité de vos investissements immobiliers et maximiser vos profits. Cependant, gardez à l'esprit que chaque stratégie comporte des risques et des avantages, et il est essentiel d'adapter votre approche en fonction de votre situation financière, de vos objectifs et de la conjoncture du marché. Une gestion prudente et réfléchie vous aidera à réaliser vos ambitions d'investisseur immobilier prospère.

Chapitre 26

Les ressources pour continuer à apprendre

L'apprentissage continu est essentiel pour réussir en tant qu'investisseur immobilier. Nous allons voir différentes ressources qui vous permettront d'approfondir vos connaissances et de rester informé des dernières tendances et meilleures pratiques du secteur.

1. Les livres, les formations et les blogs recommandés :

a. Livres sur l'investissement immobilier : de nombreux livres proposent des conseils d'experts sur l'investissement immobilier, tels que « Père riche, Père pauvre » de Robert Kiyosaki ou « L'investissement immobilier locatif intelligent » de Julien Delagrandanne.

b. Formations spécialisées : des formations en ligne ou des séminaires proposent un contenu approfondi sur divers sujets, allant de l'analyse des marchés immobiliers à la gestion locative.

c. Blogs et sites web dédiés à l'immobilier : les blogs immobiliers sont une excellente source d'informations actualisées et de conseils pratiques provenant d'experts du secteur.

d. Chaînes YouTube sur l'immobilier : De nombreuses chaînes YouTube proposent des vidéos éducatives sur l'investissement immobilier, les stratégies d'achat, les rénovations, etc.

2. Les événements et les conférences immobilières :

a. Salons immobiliers : les salons immobiliers sont des événements majeurs où vous pouvez rencontrer des professionnels du secteur, découvrir de nouvelles opportunités d'investissement et assister à des conférences et des ateliers.

b. Conférences et webinaires : des conférences et des webinaires en ligne sont régulièrement organisés par des experts en investissement immobilier. Ils permettent d'obtenir des informations de première main sur les tendances du marché et les meilleures pratiques.

c. Rencontres de réseautage : participez à des événements de réseautage immobiliers pour rencontrer d'autres investisseurs, des agents immobiliers, des gestionnaires de biens et d'autres professionnels du secteur.

d. Formations en présentiel : certaines formations en investissement immobilier se déroulent en présentiel, offrant ainsi l'opportunité d'échanger directement avec les formateurs et les autres participants.

En vous servant de ces ressources, vous pouvez continuer à développer vos compétences et votre expertise en investissement immobilier. La participation à des événements, la lecture de livres, la formation continue et le suivi des blogs spécialisés vous permettront de rester informé des dernières tendances et des stratégies gagnantes pour réussir dans le marché immobilier français. N'oubliez pas que l'apprentissage est un processus continu, et en investissant dans votre formation, vous augmentez vos chances de devenir un investisseur immobilier prospère et avisé.

Chapitre 27

Les success stories d'investisseurs immobiliers français

Nous allons voir des success stories inspirantes d'investisseurs immobiliers français qui ont réussi à atteindre l'indépendance financière grâce à leurs investissements dans l'immobilier[1]. Leurs parcours exemplaires offrent des leçons précieuses et des enseignements qui peuvent être appliqués pour réussir dans le monde de l'investissement immobilier.

Témoignage 1 – Sophie – Devenir rentière grâce à l'investissement locatif :

Sophie, ancienne salariée dans le domaine de la communication, a décidé de se lancer dans l'investissement immobilier pour atteindre l'indépendance financière. Elle a commencé par acheter un petit appartement qu'elle a mis en location. En utilisant les revenus générés par cet investissement pour réinvestir dans de nouvelles propriétés, Sophie a pu développer progressivement son portefeuille immobilier. Aujourd'hui, elle possède plusieurs biens qu'elle loue à des locataires, lui

---

1 Les témoignages présentés dans ce livre sont basés sur des expériences réelles, mais les noms et certains détails ont été modifiés pour préserver l'anonymat des personnes concernées.

procurant des revenus passifs suffisants pour vivre sans avoir besoin de travailler.

Leçon à tirer : commencer petit et progressivement réinvestir les gains peut permettre de construire un portefeuille immobilier solide et d'atteindre l'indépendance financière à long terme.

Témoignage 2 – Julien et Anne – Réussir grâce à l'achat-revente :

Julien et Anne, un couple d'entrepreneurs, ont choisi de se spécialiser dans l'achat-revente de biens immobiliers. Ils recherchent des biens sous-évalués, les rénovent avec soin, puis les revendent à un prix plus élevé. Grâce à leur expertise en rénovation et à leur flair pour les bonnes affaires, ils ont réalisé des bénéfices significatifs en peu de temps.

Leçon à tirer : identifier des opportunités de marché et développer des compétences spécifiques, comme la rénovation, peut être une stratégie lucrative pour augmenter rapidement son capital.

Témoignage 3 – Nicolas – L'investissement à l'étranger pour la diversification :

Nicolas, investisseur français, a choisi de diversifier son portefeuille immobilier en investissant dans des biens à l'étranger, notamment en Espagne et au Portugal. Cette stratégie lui a permis de bénéficier d'un marché immobilier différent, de lois fiscales avantageuses et de perspectives de rendement intéressantes.

Leçon à tirer : diversifier ses investissements géographiquement peut offrir des avantages en termes de rentabilité et de réduction des risques.

Ces success stories démontrent que l'investissement immobilier peut être une voie vers l'indépendance financière et la création de richesse à long terme. Chacun de ces investisseurs a adopté des stratégies différentes en fonction de ses objectifs, de ses compétences et de sa tolérance au risque. Les leçons à retenir de leurs parcours sont la persévérance, la diversification, l'expertise et la capacité à saisir les opportunités du marché.

En tirant des enseignements de ces expériences réussies, vous pouvez éclairer votre propre chemin vers le succès dans l'investissement immobilier en France.

Chapitre 28

Les perspectives de l'immobilier à l'avenir

Nous allons voir les perspectives de l'immobilier à l'avenir en mettant en lumière les tendances émergentes dans le marché immobilier français et les opportunités qui pourraient s'offrir aux futurs investisseurs.

1. Les tendances à venir dans le marché immobilier français :

a. Demande continue de logements : La France fait face à une demande continue de logements, en raison de facteurs tels que la croissance démographique, l'urbanisation et les changements dans les modes de vie.

b. Focus sur la durabilité : mes préoccupations environnementales et la prise de conscience croissante des enjeux liés au changement climatique poussent le marché immobilier vers une plus grande adoption de pratiques durables, telles que les bâtiments à faible impact environnemental et les énergies renouvelables.

c. Rénovation urbaine : les projets de rénovation urbaine devraient se multiplier pour revitaliser les quartiers anciens et créer de nouvelles opportunités d'investissement dans les zones en développement.

d. Rôle de la technologie : la technologie continuera de jouer un rôle important dans l'immobilier, avec l'essor des outils numériques pour faciliter les transactions, la gestion immobilière et l'analyse de données.

e. Logement abordable : La demande de logements abordables reste un défi majeur en France, offrant des opportunités aux investisseurs qui se concentrent sur cette niche.

2. Les opportunités pour les futurs investisseurs :

a. Investissement locatif : la demande continue de logements offre des opportunités pour les investisseurs intéressés par l'achat de biens immobiliers en vue de la location à long terme.

b. Rénovation et réhabilitation : les projets de rénovation urbaine offrent des possibilités d'acquérir des biens à bas prix et de les rénover pour augmenter leur valeur.

c. Immobilier commercial : l'immobilier commercial peut être une option intéressante pour les investisseurs recherchant des sources de revenus diversifiées, en particulier dans les zones à forte activité économique.

d. Immobilier touristique : les régions touristiques en France attirent de nombreux visiteurs, ce qui peut être une opportunité pour les investisseurs cherchant à investir dans des biens destinés à la location saisonnière.

e. Immobilier à l'étranger : pour les investisseurs cherchant à diversifier leur portefeuille, l'investissement dans l'immobilier à l'étranger peut être une option intéressante.

Les perspectives de l'immobilier en France sont généralement positives, avec une demande continue de logements et des opportunités d'investissement diversifiées. Cependant, il est important pour les futurs investisseurs de mener une analyse approfondie du marché, de comprendre les tendances émergentes et de définir des objectifs clairs avant de s'engager dans l'investissement immobilier. Avec une approche réfléchie et une compréhension du contexte du marché, les investisseurs peuvent tirer parti des opportunités futures pour réussir dans le marché immobilier français.

Chapitre 29

Les principaux enseignements du livre

Avec ce livre nous avons exposé de nombreuses informations utiles pour vous lancer dans l'investissement immobilier. Avant de conclure, récapitulons les principaux enseignements que nous avons abordés tout au long de ce livre.

1. Récapitulation des principaux enseignements du livre :

a. Objectif de devenir rentier : l'investissement immobilier peut être un moyen puissant de devenir rentier en générant des revenus passifs qui couvrent vos dépenses de vie.

b. Établir des objectifs clairs : fixer des objectifs financiers clairs et spécifiques vous aidera à orienter vos investissements et à rester motivé tout au long de votre parcours.

c. Connaissance et état d'esprit : l'immobilier demande des connaissances approfondies et un état d'esprit positif pour surmonter les défis et saisir les opportunités.

d. Analyse du marché immobilier : comprendre les tendances du marché immobilier en France est essentiel pour prendre des décisions éclairées et trouver les bonnes opportunités d'investissement.

e. Financement intelligent : utiliser judicieusement le financement, l'effet de levier et les dispositifs fiscaux peut augmenter la rentabilité de vos investissements.

f. Diversification : diversifier vos investissements en termes de types de biens et de localisations peut réduire les risques et améliorer la stabilité de votre portefeuille.

g. Planification successorale : prendre en compte la transmission de patrimoine dans votre stratégie d'investissement peut créer un héritage durable pour les générations futures.

h. Apprentissage continu : l'investissement immobilier est un domaine en constante évolution, il est donc essentiel de continuer à apprendre, à se former et à s'informer des dernières tendances et meilleures pratiques.

2. Encouragement pour se lancer dans l'investissement immobilier :

Se lancer dans l'investissement immobilier peut sembler intimidant, mais rappelez-vous que chaque investisseur a commencé quelque part. Les succès stories inspirantes que nous avons présentées dans ce livre prouvent qu'avec de la persévérance, de la discipline et des connaissances, vous pouvez atteindre vos objectifs financiers et réaliser vos rêves.

N'ayez pas peur de vous lancer et de prendre des risques mesurés. Commencez petit si nécessaire, apprenez de vos expériences et adaptez votre stratégie en fonction des circonstances du marché. L'immobilier offre une multitude d'opportunités pour construire votre patrimoine, générer des revenus passifs et atteindre l'indépendance financière.

En tant qu'investisseur immobilier, vous contribuerez également au développement de la société en fournissant des logements de qualité et en participant à l'économie locale. Alors, prenez le temps de bien réfléchir à vos objectifs, développez vos compétences et faites preuve de détermination pour réussir.

Table des matières